做全球華人 最先進及最大的旅遊服務公司

平台戰略的領航者
易遊網（ezTravel）

總經理／游金章 Jack

>> **主要學歷**

台灣大學醫學檢驗暨生物技術學系
台灣大學 EMBA

>> **主要經歷**

1981-1983	錫安旅行社副理
1983-1987	安達假期經理
1988-1994	泛達旅遊創辦人／總經理
1995-1999	春天旅遊創辦人／總經理
2000-2011	易遊網創辦人／總經理
2011-	鴻鵠逸遊首席執行長

>> **送給兩岸學生的一句話**

一分耕耘，一分收穫！

>> **人生最想去完成的三件事**

① 再創業一次
② 再學習一種語言
③ 環球美術館及音樂之旅

關於易遊網‧
關於游金章

易遊網的會議室牆面斗大的字寫著：「做全球華人 最先進及最大的旅遊服務公司」。

我們的專訪裡，游金章總經理談到，他的領導特性是：「成就動機很強、物料導向很強，追求卓越不妥協精神也很強……」還提到：「易遊網不允許想做第二名的主管！」

但進行個案研究的這幾年，我一直在思考一個問題：在台灣，易遊網是網路旅行社的第一品牌，領導者的特性又是這樣……，為何要成為大陸攜程網（Ctrip）的戰略合作夥伴？是條件太誘人？還是因為易遊網想成為全球華人最先進及最大的公司下的一種策略性考量？

易遊網對許多台灣民眾而言，是相當熟悉的品牌，以網路旅行社起家，品牌知名度相當高。但我們在進行易遊網專訪及拍攝的歷程裡，這家公司其實不太容易親近，也不太接受一般學術單位的參訪，我們實在有幸能夠深入其中，看到易遊網厲害又專精的一面。

比如，它是第一個將公司內部的行銷與 IT 二合為一的公司，兩個部門一起聯合打仗（行銷資訊處），我想這是一個好做法，充分發揮其 IT 及行銷專長特性。又比如，易遊網包下台灣鐵路局的火車，推出了「環島之星‧環島遊」；這種透過掌握重要旅遊元件的操作手法，除了將行程遍及全台，更免去了在島內旅行常遇到的遊覽車缺車、塞車及交通事故等問題。

易遊網的厲害實在跟我們另一家頂尖企業個案雄獅集團（Lion Group）不太一樣。游金章總經理的策略性思維與堅強戰鬥意志，多年來已帶領著易遊網團隊打下一片江山，但這兩家公司的發展近年來有了結構性改變。

易遊網結合攜程網、香港的永安旅行社，以「量」及「聯合採購」為基礎，發展了一個新高端品牌——HH Travel（鴻鵠逸遊），主打兩岸三地金字塔頂端市場，西進大陸已不是易遊網的選項；反觀雄獅集團則是傾全力進入大陸市場，並且一切自己來。

2016 年在平台及行動戰略方針下，易遊網營收一舉突破新台幣百億，超越許多上市上櫃旅行社。這麼多年來易遊網一直帶領台灣看到不同風景，接下來讓我們一起看看易遊網將帶領著我們看到什麼不同的世界！

平台戰略的
領航者

易遊網（ezTravel）*

> 傑佛瑞‧摩爾（Geoffrey A. Moore）[1]：
> 大環境驟變，企業不進則退。
> 無論你是領導人或是組織成員，公司處境都影響你的未來。
> 當產業發展榮景之時，企業必須懂得乘勢而起；
> 但企業必須時刻培養高洞察力，在衰退之前發展新事業，掌握下一個榮景。

比爾‧蓋茲（Bill Gates）、馬克‧祖克柏（Mark Zuckerberg）等是一般人較耳熟能詳的名人；但如果您在高科技產業工作，一定也聽過這個名字——傑佛瑞‧摩爾（Geoffrey A. Moore）。

美國《商業周刊》（*BusinessWeek*）[2] 稱傑佛瑞‧摩爾為「矽谷主流策略大師」；1990 年代矽谷最具影響力的 IT 雜誌——《上風》（*Upside*）[3] 月刊，將他選入「數位革命菁英領袖 100 強」（Elite 100 leading the digital revolution），這是當時科技業最重要的 IT 年度人物排行榜（比爾‧蓋茲也曾榜上有名）。

▲ 易遊網是台灣網路旅行社第一品牌

如果你不了解他的影響力，那也不打緊，因為在台灣也有一位如傑佛瑞‧摩爾般重視資訊、科技、網路及創新的企業家，那就是易遊網（ezTravel）的創辦人——游金章總經理。

---

* 本個案係由台灣師範大學運動休閒與餐旅管理研究所**王國欽**老師、輔仁大學餐旅管理學系暨研究所**駱香妃**老師、屏東大學休閒事業經營學系暨研究所**陳玟妤**老師與欣聯航國際旅行社（雄獅集團關係企業）前總經理**陳瑞倫**博士共同撰寫，其目的在作為兩岸學子課堂討論之基礎，而非指陳個案公司事業經營之良窳。個案內容參考公司實務，並經編撰以提升教學效果。本個案之著作權為王國欽所有，出版權歸屬心理出版社股份有限公司。

易遊網（ezTravel）是台灣成長最快速的旅遊網站公司。2000 年 1 月成立後，易遊網將台灣旅遊業帶入一個全新不同的境界，它為旅遊產業帶來許多前所未有之創新。它是第一家與地方政府合作並成功推廣台灣產業觀光（屏東黑鮪魚季／屏東觀光護照）的旅行社；也是首創華人旅遊史上最頂級 225 萬元「頂級環遊世界 60 天」的旅行社，並且是第一家獲得經濟部技術處「產業科技發展獎」的旅遊業者。多年來，易遊網秉持一份對於台灣旅遊濃厚的情感與熱情，持續在這塊土地上深耕並不斷地創新，同時它也成功地轉變了一般社會大眾對旅遊業的傳統觀感，如：技術門檻低、專業性不高等。

游金章總經理為了實踐「做全球華人　最先進及最大的旅遊服務公司」之願景，自 2011 年開始，與兩岸三地最強品牌——上海攜程國際旅行社（簡稱攜程網，Ctrip）[4] 及香港永安旅行社（Wing On Travel）[5] 進行策略聯盟合作，創立以高端旅遊客層為目標的鴻鵠逸遊（HH Travel）[6]，開始了由台灣出發，走向世界大舞台的旅程。

根據聯合國世界旅遊組織（World Tourism Organization，簡稱 UNWTO）[7] 的統計，國際觀光活動人次於 2005 至 2013 年間，每年以上升 3.8%的速度持續成長，尤其以亞洲及大洋洲的成長速度最快，約為 6.2%。然而大陸於 2012 年成為全球最大出境旅遊市場（Outbound Market），該年出境旅遊消費額為 1,020 億美元；2014 年達到 1,648 億美元，出境人數為 1.07 億人次；2015 年達 2,290 億美元，出境人數為 1.17 億人次；2016 年達 2,610 億美元，出境人數為 1.22 億人次（World Tourism Organization, 2017）[8]。由此可知大陸出境旅遊之消費實

力，以及出境旅遊發展之潛力。

為了搶食大陸出境旅遊每年上看千億美元的大餅，國際旅遊相關業者早已用不同的進入模式（Entry Mode）[9] 搶進大陸，如：日本的日航國際旅行社（Jalpak International Co., Ltd.）[10] 採「獨資子公司」（Wholly Owned Subsidiary）[11] 的方式經營日航國際旅行社（中國）有限公司；美國運通公司（American Express）[12] 與中國國際旅行社總社（China International Travel Service , Head Office, CITS）[13] 以「合資」（Joint Venture）[14] 的方式經營國旅運通旅行社有限公司；歐洲最大的旅遊集團公司——國際旅遊聯盟集團（Touristik Union International, TUI）[15] 與中國旅行社總社（China Travel Service Head Office）[16] 亦「合資」成立中旅途易旅遊有限公司；日本 JTB 股份有限公司（Japan Tourist Bureau Corporation, JTB）[17] 與中信旅遊集團（CITIC Tourism Group Co., Ltd.）[18] 亦以「合資」成立交通公社新紀元國際旅行社有限公司；當然台灣的業者也不遑多讓，以雄獅集團（Lion Group）為例，其於 2011 年「獨資」成立華獅旅行社（上海）有限公司，2016 年取得上海自貿區經營境外旅遊許可，同年也取得福建自貿區經營赴台旅遊許可。

然而，易遊網有別於上述業者採「獨資」及「合資」方式進入大陸，反而於 2006 年引入攜程網約 1 千萬美金資金（10,304,359 USD，當時約等於 80,416,250 RMB），讓攜程網以每股 120 元，取得易遊網 19.18% 股權，成為易遊網最大法人股東，並佔兩席董事，而當時攜程網對易遊網內部運作尚未產生重大影響（張國蓮，2008）[19]。時至 2009 年第 2 季，兩家公司透過更深度的聯結，正

式成為戰略合作夥伴。

兩年後（2011 年），易遊網在游金章總經理的主導之下，結合兩岸三地的資源，創立以高端旅遊客層為目標的鴻鵠逸遊。這位在旅遊事業路途上常有創新之舉的經理人，這一次又用獨特的眼光看到與眾不同的發展契機。他表示：

「台灣旅遊業者前進大陸，已經失去以 OTA 網路旅行社（Online Travel Agent）[20] 的身分進軍大眾市場（Mass Market）的最佳時機，但另一方面，分眾的利基市場（Niche Market）[21] 仍有可為。」

以「做全球華人　最先進及最大的旅遊服務公司」願景為自許，究竟易遊網未來會如何走？我們先來看看它精彩的歷史發展。

歷史發展

◉ 三度創業

畢業於台灣大學醫學院醫技系的游金章總經理，自 1981 年投入職場，已在旅遊業闖盪數十年，在創辦易遊網之前，就曾建立兩家相當知名的旅行社——泛達旅行社 [22] 及春天旅遊。

1999 年，游金章總經理任職於春天旅遊時，市面上旅行社的部門大多僅分為票務部及團體部，而游金章總經理認為這樣並無法提供消費者足夠的旅遊服務，當時他便提出「個人化旅遊產品是未來的趨勢」論點，但意外地得不到他人認同與支持。原因在於當時傳統旅行社大多以「團體旅遊」為主要

銷售產品，「個人化旅遊」產品則需要更大量及更複雜的資訊與服務，許多旅行社難以全面性地切入這塊市場。

由於長期觀察消費者需求，以及對於台灣旅遊業的一份熱愛，游金章總經理及其所帶領的團隊，深信旅遊產品未來必定朝向個人化發展，且透過「網路」可以解決個人化旅遊產品所需要處理的複雜問題。游金章總經理表示：

「易遊網這個團隊是我們長期對台灣旅遊業有一份非常深的感情，對這個行業它不僅僅是我們的工作，多數易遊網的員工對這行業就像是談戀愛一樣，因為談戀愛所以有那種動力，因為談戀愛所以有那種創意……」

「2000 年網路泡沫化，多數人預期網路會破滅，當時多數人認為易遊網大概是沒有機會的，但所有易遊網團隊堅信我們會成功，我們那種信心、對於網路的信仰，即便所有人都認為我們不會成功，可是我們那群團隊都堅信我們會成功！」

1999 年，游金章總經理毅然決然賣掉

▲一路走來，易遊網對於旅遊的熱愛始終如一

春天旅遊股份，帶領 10 位同事投身 100%
的旅遊網路事業。當時電子商務正值泡沫化
階段，許多人並不看好網路前景，但游金章
總經理透過個人關係，鍥而不捨地向股東解
釋旅遊業網路化的必然趨勢，最後，終於募
得了新台幣 5,000 萬元資金，就這樣，易遊
網正式誕生於 2000 年 1 月 1 日。

◉ 對科技的信仰

易遊網的成立，起心動念是源於「科技
＋旅遊」。科技是易遊網成名的工具，而說
起游金章總經理及其團隊對於科技的信仰，
他曾這樣表示：

「科技運用不是說現在去找了一個
Microsoft、IBM 的軟體就是科技運用，科技
運用是組織經驗、組織發展所形成的，唯獨
從組織經驗發展才知道說對科技的期待，不
是僅僅只買個軟體，所以科技運用我想是
ezTravel 的 Core Competence[23]。」

「因此，我們不只是把網路科技改變一
個服務過程，我們也利用我們對旅遊的理解
把商品豐富化。在 2001 年我們率先跟屏東
縣政府發展台灣文化觀光的代表作叫做『黑
鮪魚季』，我們了解文化觀光是一個觀光的
重點，易遊網不是去 promote 一間飯店，而
是 promote 一個產業文化⋯⋯」

這種透過網路科技對於觀光產品開發及
行銷之加持，讓易遊網取得快速之成長，而
這些成長的背後，其實有許多易遊網對於高
科技的信念、投資，以及對於旅遊的熱愛。
兩者相輔相成，創造一段網路旅行社在台灣
崛起的傳奇。

◉ 創新不斷

易遊網創業之初，游金章總經理除了預
測台灣觀光產業未來將走向個人化，更預期
產業將以入境以及國內旅遊（Inbound／
Domestic）導向為主。因此，不同於當時市
面上已成立之旅遊網站只偏重於某種旅遊產
品提供，如：百羅旅遊網[24] 及玉山票務[25] 以
販售機票為主，易遊網更將自身定位為「個
人化旅遊全商品」之旅遊網站來經營，譬
如：台灣島內的個人旅遊，易遊網甚至提供
將近 1,000 種產品，並且可以做到 2 人成
行，天天出發。

2000 年，易遊網即以「環遊世界機票 1
元搶購」活動，引發市場及媒體關注，打響
網站知名度，帶動所有個人化旅遊全商品之
熱銷；也使得 4 月份營業額突破千萬，開始
引起同業注目。2001 年 5 月台灣旅遊網
站，不論觸及率（Reach Rate）[26] 或唯一訪
客（Unique Visitor）[27] 表現，都比香港或大
陸旅行社更好；同年 6 月，易遊網即超越了
以票務交易為主的玉山票務，成為當時全國
最大的旅遊網站，並且佔台灣旅遊網站總流
量 40%，創下台灣 B2C 電子商務紀錄中排
行第一（陳世運，2000 [28]；陳慧如，
2014 [29]）。同一年，第一代 ERP（Enterprise
Resource Planning）系統[30] 上線。

2002 年，易遊網成立台灣最大訂房中
心，擁有遍及全省 360 家飯店線上訂房服
務，該年營收超過 10 億元。

2004 年，易遊網全面升級，更新自行
開發的 ERP 系統，整合上中下游作業流程與
資源，提供更具效率的線上交易服務。該系
統結合強大 Oracle 甲骨文[31] 資料庫，提供
消費者完全自動化且最彈性的商品動態組裝

與 Java 平台（Pure Java Platform）[32] 中 EC（E-commerce）前端線上查詢、線上訂購、線上付款。

2005 年，推出 100 萬元「頂級環遊世界」行程，限額 20 名，12 分鐘內網路搶購一空！

2008 年，因應陸客來台，推出每晚 300 美金「陸客‧頂級環島」行程，提供高品質旅遊服務迎接陸客！易遊網營收突破 50 億。

2010 年，易遊網 10 週年慶推出華人旅遊史上最頂級 225 萬元「頂級環遊世界 60 天」，搭乘商務艙、頂級郵輪 Silversea Cruises 銀海號、住全世界最頂級酒店，還特別安排頂級郵輪遊南極，全程「頂級」，限量 20 席，9 分鐘內銷售一空！

2015 年，易遊網舉辦兩場招募面試會，鎖定高科技資訊人才，主打「資訊畢業生 38K 起、IT 徵才無上限」，吸引更多資訊菁英進軍觀光產業，開發領先技術、多元產品及完善資訊。

2016 年，「手機易遊網」APP 月營收破億，成為國內最大的行動旅行社，APP「一站式服務」的特點為破億營收關鍵。公司年度營收首次超越 100 億門檻。

2017 年易遊網 App 營收成長率是官網 4 倍，帶來 25 億進帳，接近全公司年營收的 2 成，每 100 位點開 App 的使用者中，有 10 人會下單結帳，轉換率達 10%；若以訂房業務來說，已有超過半數訂單是來自 App。

2019 年決定不再設立直營店，由於未上市，2019 年為易遊網最後公開營收的一年，營收為 177 億元，對比上市旅行社，僅次於產業龍頭雄獅集團。另也投入 CDP

▲ 易遊網有許多創新又膾炙人口的旅遊產品

（Customer Data Platform，客戶數據平台）[33] 建置，希望能活化 App、線上流量與 280 萬會員帶來的海量數據。

2020 年成立首間以「易遊網」為品牌的加盟店，以「共好」為品牌加盟理念，透過加盟合作展開在地連結，期許發揮品牌影響力，創造旅遊生態圈的合作夥伴與消費者良好的合作環境，至 2024 年 1 月為止北部有 7 間，中部 4 間，南部 1 間，總共 12 間加盟門市。

2022 年易遊網來自行動端造訪的比例已高達 8 成。因應後疫情時代大眾旅遊方式的轉變，與玉山銀行合作發行玉山易遊卡，希望透過發行聯名卡，擴大線上與線下的連結，卡片特色除了可以完全線上申辦之外，也可以直接與易遊網 App 綁定。

這些精彩的歷程，使易遊網從網路快速崛起，而產品的創新則是掠奪市場的利器。這幾年在易遊網的努力下，產生了不少膾炙人口的熱賣產品，如：以「文化互動，改寫旅行的意義」為訴求，呈現出真正文化觀光內涵的「台灣玩學堂」；獨家承包台灣鐵路公司兩列火車，提供舒適鐵路環島服務的「環島之星‧環島遊」[34]；1-4 人皆可成行的「台灣觀光計程車」，以 100 位嚴選的小黃達人帶你遊台灣；以及多次推出的「頂級環遊世界」熱銷行程等。

這些創新的產品及行銷手法，不但展現易遊網在旅遊規劃的能力，更藉此創造出網路的流量，成為台灣網路旅行社第一品牌。

現況及發展

◉ 組織結構設計

易遊網目前員工 300 多人，其中 IT 人員編制約 100 多位，是國內旅行社中，IT 人員佔比最高旅行社。就組織結構而言，創新亦反映於易遊網的設計思維中，相較許多傳統旅行社將部門劃分為：直客部、薑售部、票務部等，易遊網則劃分為：機票事業處（短程部、長程部、專案部、OP 部）；國外旅遊處（東南亞部、長程部、東北亞團體部、東北亞個人部、港澳大陸部、遊輪部、日本專案部、OP 部）；國內處（國內旅遊部、國內資源部、同業部、獎勵旅遊部、赴台旅遊部、OP 部）；平台事業處（平台事業部）；訂房事業處（國內訂房部、國際訂房部）；銷售服務處（客服部、企業服務部、門市部）；行銷處（品牌公關部、市場傳播部、設計部、顧客關係部）；資訊處（行動技術部、數位行銷部、產品技術部、資訊管理部、產品經理部）；財會處（會計部、財務部）；人資行政處（人力資源部、召募與行政部）。其他尚有：頂級旅遊部（位於內湖分公司內，主負責 HH Travel）、高雄及台中分公司、全球當地旅遊事業部。

在發展初期的結構設計上，易遊網曾設有行銷資訊處，是台灣首家將「行銷＋資訊」專業結合在同一個單位的旅行社，當時在業界蔚為一股潮流。不過，近年由於兩個專業的複雜性日益增加，易遊網又將其分拆為兩個獨立單位來運作。

◉ 行動與平台

易遊網的營收仍以機票為大宗（約佔

55%），營收之 83% 主要來自線上交易，而 90% 的營收則來自 B2C；B2B 僅佔有 10%，主要來自郵輪及環島火車。預估 2017 年來自行動消費端之營收將高達 40 億。

易遊網未來策略發展將以「行動」及「平台」為兩大核心主軸，其中所開發之 APP 目前已能創造單月破億營業額，未來則將以持續開發能提供更好的行動消費體驗設計為目標。

平台戰略是易遊網在營運方向的一大調整與轉變。從早期的自主產品設計銷售，到單純提供平台服務，其概念是由旅遊供應商提供產品，譬如：巨匠旅遊（www.artisan.com.tw）將其產品，如「北歐五國～冰島、北角、挪威峽灣精選 17 天」、可樂旅遊（www.colatour.com.tw）將其產品，如「樂活東京～最愛輕井澤、川越小江戶、季節採果樂、溫泉伊香堡五日」以聯營名義方式，在易遊網的官網上分別銷售。以上述的可樂旅遊行程為例，在易遊網的官網上，其訴求為「本行程為聯營團體，由易遊網提供旅客服務，可樂旅遊執行旅遊行程服務，旅客權益將由易遊網全權保障」。

消費者透過此平台可以訂購到比直接找巨匠旅遊或者是可樂旅遊更便宜的價格（幾百元至上千元價差）與優惠（譬如：會員可累積 ezTravel 的 eMoney 點數，eMoney 10 點折抵新台幣 1 元），對於消費者產生某程度價格上的吸引力；而對於巨匠旅遊或者是可樂旅遊，則是可以藉由此平台以及易遊網的網路觸及率接觸到更廣泛的消費者。

透過平台戰略，易遊網迅速地擴張其營運，國外旅遊已有高達 60 個供應商加入

▲ 易遊網下載超過 200 萬次的熱門 APP

（包含台灣主要的境外團體旅遊旅行社，如：可樂旅遊、雄獅旅遊及東南旅遊等），而易遊網的自主團體旅遊產品比例則快速下降。

全世界的旅行社於 2020 年到 2022 年 COVID-19 疫情期間都遭受到嚴重的衝擊，易遊網也不例外。但是易遊網憑藉著近百名規模的 IT 團隊，順利讓易遊網挺過嚴峻的三年，拯救了易遊網。同時也將易遊網打造成「旅行一站就 GO」的全台最大行動旅遊

電商。易遊網 APP 下載量已經超過 200 萬次，是全台唯一「一站式購足」APP。

定位為旅遊平台戰略領航者的易遊網，積極加速整合更多資源在 APP 中，充分運用 API[35]（Application Programming Interface，應用程式介面）技術串接更多的供應商及旅行社產品，目前可以秒搜超過 1,700 個航點，並有超過 15,000 種票種任選；全球超過 45 萬家旅館民宿，多達 500 萬種專案選擇；集結全球 80 個國家、超過 25,000 種旅遊體驗；嚴選百大旅行社優質商品、囊括 1 萬 5 千種選擇，為全台跟團最大網。

除了透過線上整合供應商旅遊資源之外，易遊網也積極向旅行社同業招手，吸引更多門市加盟商加入易遊網服務與銷售陣線。截至 2024 年 1 月為止，易遊網在全台已擁有 18 個據點，其中包含 12 家加盟門市，並持續推展中。於 2023 年 7 月 31 日登錄興櫃交易的旅天下聯合國際旅行社（簡稱 Uni 或旅天下）也是以同業加盟的商業模式，由此可見易遊網不僅聚焦在網路市場，同時也非常重視實體通路的整合。

易遊網旅行社與旅天下加盟模式比較表

公司名稱	易遊網旅行社	旅天下（Uni）
旅行社種類	綜合旅行社	綜合旅行社
公司規模	在職員工 300 多名	在職員工 117 名
加盟家數 （2024 年 1 月止）	12 間加盟門市（全台 18 家門市）	38 家加盟門市（全台 51 家門市） 59 家產品加盟商
品牌加盟策略	1. 自有品牌直接授權加盟主 2. 加盟體系採用「全商品分潤」 3. 全站商品提供退傭（國內 4-5%，國外 6-8%） 4. 提供自有金流系統，為加盟店省建置費 5. 加盟店販售的商品必須為易遊網線上的商品	1. 通路加盟＋商品加盟 2. 加盟採「品牌授權」 3. 產品全方位 4. 朝 IPO 目標邁進 5. 2024 年目標為門市加盟店要達 75 家、產品加盟商 80 家

（續下頁）

公司名稱	易遊網旅行社	旅天下（Uni）
加盟條件	1. 年度品牌授權金 10 萬元（推廣期可彈性討論）。 保證金：年度 30 萬元（退出退還）。 加盟商自付：店內裝潢、招牌安裝。 2. 對旅行業有熱忱、信用良好。需要有甲種旅行社註冊營業執照，若無，易遊網可輔導辦理。 3. 易遊網提供：門市行銷活動、人員及商品教育訓練，牆貼、窗貼、帆布等。 4. 需要一樓店面 20 坪以上。 5. 從接洽至開業大約需 3-4 個月時間。	1. 免權利金、免加盟金、免燈箱帆布等廣告費用，並送高級會客桌椅一套。總部協助提供門市前台裝潢設計，施工費由加盟主負擔，裝潢費用另行估價。 2. 在地經營具實力口碑及信用良好的甲種旅行社，並能與總部經營理念一致。 3. 要能共同維護旅天下的品牌利益。 4. 門市員工最少一名店長及二名業務，同一時段至少需有二名員工值櫃。 5. 店址限定一樓實體店面，坪數無限制，但空間需足夠區分前後台，並可規劃櫃台及洽談區域等空間。 6. 旅天下加盟商為長期合作模式，因此沒有特定幾年約。

資料出處：旅天下加盟條件補充的資料參考該公司網站資料，網址如下：
https://event.gounitravel.com/zh-tw/franchise/index
易遊網加盟條件補充的資料參考該公司網站資料，網址如下：
https://www.eztravel.com.tw/events/franchise/

就旅行社線上線下全方位擴張的競爭下，傳統旅行社也透過轉型向線上旅遊平台整合資源，其中雄獅旅行社即為主要的代表。易遊網以科技技術為主進入旅遊市場，以平台戰略領航者自居；雄獅旅遊為傳統旅行社隨著大環境科技進步的變化，持續精進旅遊網站平台，目前為全台規模最大的旅行社。二者在市場上的競合關係（既競爭又合作），實際展現了科技技術對旅遊產業的進化升級有著明顯的影響，同時也不斷地創造出新的市場經營模式與境界。

易遊網旅行社與雄獅集團比較表

公司名稱	易遊網旅行社	雄獅集團
品牌名稱	易遊網	雄獅旅遊
企業顏色	孔雀石綠	紅白灰為主
旅行社種類	綜合旅行社	綜合旅行社
公司規模	318 名員工	2746 名員工
原生公司型態	網路旅行社（OTA）	傳統旅行社
資訊科技能力	約有 100 多名資訊人員	擁有 233 名資訊人員
上市櫃	無（主要投資者 Trip.com 集團在美國 NASDAQ 及香港 HKEX 上市）	台灣上市公司
台灣線下市場	從直營店邁向加盟門市整合 單一品牌經營	直營分公司為主 集團式品牌整合經營
兩岸與港澳市場	‧專注經營台灣旅客市場。 ‧結合 Trip.com 集團品牌由大陸品牌公司攜程旅行網與去哪兒（QUNAR）經營大陸市場和運用香港品牌公司永安旅行社經營香港市場。 ‧Trip.com集團在大陸 200 個城市有超過 4,000 家門市據點（2022 年底）。	以開設分公司或直接投資開設子公司的方式經營大陸與港澳市場，目前有：香港尖沙咀、香港旺角、上海、廣州、北京、廈門等據點。
全球市場	以併購或投資方式運用集團資源整合全球各主要旅遊相關公司，透過旅遊平台串接方式，並運用多國語言於網路銷售。目前透過 Trip.com 提供 25 種語言，可以使用30 種當地貨幣交易和與當地網站連結、透過 Skyscanner 提供 35 種語言版本，可涵蓋全球 50 多個國家和地區，提供產品和服務。	以直接開設分公司或子公司的方式經營全球市場，目前有：美國洛杉磯、加拿大溫哥華、澳洲雪梨、紐西蘭奧克蘭、韓國首爾、日本東京、泰國曼谷等據點。
網路市場策略	打造全台唯一「一站式購足」旅遊 APP	打造 one stop shop, non stop shopping 的公司
行銷口號	易遊網一站就 GO	探索世界，從這出發

（續下頁）

公司名稱	易遊網旅行社	雄獅集團
企業吉祥物	凹豆兒（強力推出） 突顯新視覺系統 	以新視覺系統為主 （舊吉祥物來旺獅已完全淡化）
主要產品結構	台灣鐵路旅遊、機票與酒店和海內外票券為主，團體旅遊為輔。	出境團體旅遊為主，除配合主要航空公司之外，並以包機、包船、包列等方式開拓更大市場。

資料來源：易遊網旅行社及雄獅旅行社官網和作者整理（資料至 2023 年 11 月底）
https://info.liontravel.com/category/zh-tw/store/index
根據 Trip.com Group Ltd. 2022 年財報第 76 頁內容整理（年度截至 2022 年 12 月 31 日止，交易訂單總額的 90% 以上都是透過 Trip.com 行動渠道執行。）

未來易遊網將持續整合更多的旅遊供應商資源和運用新科技發展優化其線上旅遊電商平台，同時也積極加入更多的加盟門市以開拓市場，期望在疫情過後快速增加營收及迅速擴大市佔率，以期達到「從易遊網出發輕鬆連結你的全世界」之品牌承諾。

兩岸發展布局

易遊網創業之初，其格局即展現其企圖心，設定之願景為「做全球華人　最先進及最大的旅遊服務公司」。

台灣市場有限，要達成這個願景並不容易，但大環境似乎給了易遊網另一個機會。游金章總經理觀察到了大時代兩岸的改變契機：

「2005 年，連戰[36]訪問中國大陸之後，我們看得出兩岸未來關係正常化的可能性……」

因此，在大陸攜程網的主動邀請下，當年易遊網即在北京與攜程網進行雙方會談，並宣布合作的意向，2006 年則有了更具體的合作模式。對於這樣的改變，游金章總經理表示：

「兩岸格局其實是源於易遊網對於旅客的承諾，因為旅遊產業應該也是『規模』產業（Scale Business），規模不夠的話，你怎麼提供足夠的商品……。所以，為了給顧客最好的產品與品質，成為台灣最大最好的公司是不夠的，所以我們早期的設定是華人最大最好的公司，而最好、最快的方式也不是

說一切自己來，最好是能夠透過國際性的結盟，就是夥伴！」

透過結盟找尋夥伴，而不是靠自己單打獨鬥西進大陸市場，是源於游金章總經理的另一個觀察，他深切地認為：

「旅遊產業是有文化的、是有地理性的，為什麼這樣講？你看日本民眾在選旅行社我看幾乎都是買 JTB 股份有限公司，所以我相信旅遊有它的文化性，你說易遊網到大陸開分公司有可能贏嗎？假如沒有文化屬性，過去日本旅遊的服務肯定比台灣好、比台灣早，我也沒有聽過哪個日本的旅遊公司在台灣做得好的；所以文化性、地理性如果必然存在，我們又哪來的自信可以在大陸開得出易遊網？所以我認為規模是必然的目標，尋找策略夥伴肯定比自己去開分公司要來得快速也可能！」

◉ 西進？東進？

易遊網及攜程網的合作萌芽於 2000 年，時值台灣網路旅遊市場百花齊放，市場一片欣欣向榮。當時，還在草創階段的攜程網創辦人——梁建章（James Liang）[37] 曾特別來台灣考察，易遊網就是當時梁建章來台訪問時的重點對象，也因此與游金章總經理建立了深厚情誼。

不過，由於台灣腹地小，加上台灣旅行社都是中小企業，因此網路旅行社如雨後春筍般出現，且市場僧多粥少而導致經營不易。反觀攜程網，受惠於大陸腹地廣大，加上大陸禁止外資赴大陸開設旅行社，攜程網力爭上游，不斷學習新技術，最後終於成為大陸第一品牌，甚至走向國際，2003 年 12 月在那斯達克（National Association of Securities Dealers Automated Quotations, NASDAQ）[38] 順利上市，走上全球舞台。

攜程網在美國成功上市後，吸引大筆資金投資，為了穩固兩岸三地市場的發展優勢，開始進行產業的戰略合作夥伴整合。

2005 年 6 月 7 日，易遊網與攜程網在北京中國大飯店聯合對外宣布，雙方已就推進海峽兩岸事宜達成正式合作意向，攜程網首席執行長梁建章及易遊網總經理游金章出席了新聞發布會，並代表雙方在合作協議上簽字。2006 年，攜程網由其全資子公司英屬開曼群島商（C-Travel International Limited）對易遊網首次進行了具體投資，成為易遊網最大法人股東，並佔兩席董事。

2009 年 3 月，兩岸最大旅遊網站進一步展開合作，攜程網宣布與易遊網合作，成為大陸第一家推出台灣遊的大型網站，易遊網與攜程網正式成為戰略合作夥伴。

繼易遊網之後，2010 年 5 月，攜程網以 4.35 億元人民幣（當時約 8,800 萬美元）投資香港永安旅行社，拿下其 90% 的股權，也使其成為攜程網的戰略合作夥伴。

然而，攜程網近年來因為機票預訂和酒店預訂兩大傳統業務的業務佣金下滑，造成總收入降低，因此併購成為攜程網保持業績增長的另一途徑。此商業發展模式剛好印證了美國財務研究分析中心（CFRA）Howard Schilit 總裁認為：「曾經高速增長而現發展已趨緩的公司，可能會傾向通過併購來擴大規摸，以保持一定的增長幅度。」（人人 IT 網，2011）[39]。

◉ 戰略合作之後

2012 年 3 月由兩岸三地的上海攜程網、香港永安旅遊、台灣易遊網聯合創立的鴻鵠逸遊（HH Travel），為兩岸三地首創的高端旅遊品牌。同年 4 月底，攜程網戰略投資北京太美旅行[40]，進一步奠定其在兩岸三地高端旅遊市場領先地位。

這種藉由兩岸三地的力量及市場，希望創造出新的品牌及新的運營模式，游金章總經理的觀察是：

「我們原來在兩岸三地都是領先品牌，互為組團社跟接待社，具有一定規模量。我們接待攜程之前，本身在台灣就是旅遊接待量最大的公司，攜程也是，在有基礎下，再加上彼此銷售規模的量，所以互成為接待跟通路，就成為很大的力量，尤其是未來兩岸個人化的落實，那我相信易遊網可能是台灣接待個人化旅遊最強的公司，攜程目前也已經是在大陸販售個人化旅遊最強的公司，所以互為接待跟組團，對顧客是好的，除了兩岸三地外，到日本、東南亞、歐洲或其他的地方去，我們可以共同來販售、共同採購，量無人能及。因為這個規模，我們可以給顧客最好的商品，因為規模，我們可以提供給顧客更低的成本，因為規模，我們可以提供給顧客更穩定的品質……」

易遊網在鴻鵠逸遊的角色主要在於，其長期在環遊世界行程操作上，有豐富的設計與執行經驗，而鴻鵠逸遊集合了兩岸三地的品牌優勢、研發服務能力、菁英團隊、資源網絡，全面覆蓋了兩岸三地甚至世界華人在內的龐大市場，以服務金字塔頂端的客群為目標。

除了「頂級環遊世界」系列產品，鴻鵠逸遊還有北京、上海、台北三地出發，共近200 條針對高淨值客群的高端旅遊路線。游

▲ 易遊網持續以獨到的戰略手法挑戰未來

金章總經理（現亦為鴻鵠逸遊執行長）表示，要先建立品牌專業性，創造信賴感，接著才客製化商品。

未來挑戰

2015 年 3 月 12 日在台灣大學的集思台大會議中心，打著易遊網的名號——「易遊網＆攜程網資訊菁英聯合招募」，攜程網前進了台大。

攜程網的營運中心總經理施堅松，向台下學子展開雙手，提出：「這次我們來台灣要招募 1,000 位技術人才！」而此次全台灣六場校園的招募訴求是：「1 次面談、2 份工作機會」；「立足台北、西進上海、放眼國際」（莊雅茜，2015）[41]。游金章總經理所想像的「規模」化，從這個 1,000 位技術人才的招募，我們看到了實現。但在規模化之後，易遊網的未來挑戰是什麼？

平台戰略，將是易遊網運營的最重要主軸與挑戰，從上述之資訊人才布局可見端倪。

透過易遊網的戰略合作夥伴攜程網近年來在全球大舉的購併，2014 年投資大陸的途風旅行網（大陸美洲旅遊的主要旅行社），將觸角延伸至北美洲。2015 年 5 月，攜程戰略投資藝龍旅行網，並成為藝龍的主要股東之一。2015 年 10 月，攜程宣布通過與百度互換股份，成為去哪兒網（Qunar）的最大股東，與去哪兒合併。2016 年，攜程投資印度最大的線上旅遊企業 MakeMyTrip，以及投資兩家位於美國、主要承攬團體旅遊地接服務的旅行社——

Ctour Holiday 和 Universal Vision，擴大了大陸出境遊旅客的產品種類。2016 年 12 月則再宣布以 14 億英鎊（當時約為 17.4 億美元）的交易額，完成了收購英國的天巡控股有限公司（Skyscanner Holdings Limited）——該公司為世界上最大的旅遊及航班搜尋引擎之一。

似可預見未來平台戰略，將從台灣發展至全球，從「客源地」延伸到「目的地」。這幾年由於個性化主張與自由行風行，旅遊產品從過往大量套裝行程販售模式，正轉移至目的地導向的商業模式。未來「碎片化[42]／顆粒化」的自由行旅程，正成為許多旅行社關注的新興模式。全球旅客在自由行的風潮中，將更注重「目的地」能怎麼玩、旅行能體驗到什麼。

而以上的發展取決於兩個重要因素，一是提供旅客移動服務；二是強化投資先進技術。首先是將目的地旅遊及活動整合到旅遊分銷生態系統，旅遊業必須要思考，如何在旅客行前、行中乃至行後，提供全球化、整合的旅遊產品；其次，技術發展是關鍵，如何以先進的介面、易於使用的預訂平台、定制化的解決方案，利用簡單的、吸睛的、直觀的線上工具、APP 等，為旅行者提供整合的目的地旅遊及活動產品，如此消費者才會買單，進行線上預訂（雄獅創新中心、產業研究中心，2015）[43]。

目前，易遊網藉由平台策略將其產品線更為豐富化，將來借助攜程網這個戰略合作夥伴進行系統的串接，其產品將更為全球化及豐富多元。在可見的未來，易遊網的平台化增長，會比自主產品營收增加許多。不過當平台戰略發展快速布局的同時，易遊網在

旅遊商品的實質內涵掌握、供應商服務品質的控管方面,將會是一大挑戰。

此外,面對國內傳統產業起家的旅行社(如:雄獅集團、可樂旅遊)競爭,雖然目前在平台上,這幾家旅行社與易遊網是處於合作態勢,但在產品端、服務端、網路與行動的投資、客源地到目的地的整合、線下的門市品牌經營深耕,都在可見的未來對易遊網形成反轉與競爭。

易遊網於 2007 年 10 月曾一度掛牌興櫃,並計畫在隔年成為繼鳳凰旅遊之後的第二家上櫃旅行社,當時游金章總經理表示:

「在國際市場,其實旅行業上市上櫃的情形相當普遍,於國內也有先例,因此易遊網從成立之初,在資本結構上,即以上市上櫃公司的標準及結構作業,朝向此一目標作準備,一個企業要能達到更為穩健的獲利模式,除了營業利得的部分外,資本利得更是不可或缺的部分。」

此外,游金章總經理當時還認為:

「為追求企業的永續發展,易遊網在選擇合作夥伴時,格外重視其在市場策略上的價值,及對於易遊網本身是否能有實際的應用和輔助效果,未來在正式上市上櫃後,也將在財務體制上更為完整而穩健,無論是在資本結構或是獲利能力上,都將具備更良好的條件以及體質,對於進軍國際市場而言,可說是一大加分……而對於內部員工而言,正式上櫃後,也將在員工福利上更有保障,以及健全的獎勵制度。」

但出乎意料地,易遊網在 2008 年 7 月宣布撤銷興櫃掛牌,理由是要讓整體營運及合作計畫保有更大的彈性。這個轉變對於易遊網在台灣的發展有關鍵性的影響,但是如同個案文初提及,游金章總經理曾表示:

「易遊網這個團隊是我們長期對台灣旅遊業有一份非常深的感情,對這個行業它不僅僅是我們的工作,多數易遊網的員工對這行業就像是談戀愛一樣……」

易遊網對於台灣及旅遊的熱愛,沒有改變,其一貫之經營策略「豐富、低價、便利、創新」也沒有改變。唯一改變的是,能力更強大、視野更寬闊,未來將持續引領台灣的旅遊業看到不同的商業模式與世界。

▲ 易遊網的努力將帶台灣看見不同的旅遊世界

討論**問題**

・試舉一觀光餐旅領域的平台戰略案例，並說明其特殊之處。

_____

_____

_____

_____

・平台戰略是易遊網的重要策略發展，傳統旅行社該如何與之競爭？

_____

_____

_____

_____

・試想你是易遊網經營者，面對全球化的環境競爭，你的平台戰略未來發展的下一步樣貌為
何？

_____

_____

_____

_____

個案注釋與**參考文獻**

1   傑佛瑞·摩爾（Geoffrey A. Moore）：是全球頂尖的高科技策略大師，亦是組織理論家、管理顧問和作家，著有《龍捲風暴》、《跨越鴻溝》、《換軌策略》等商業書籍。曾協助世界級的企業如：Adobe、Cisco、Qualcomm 等頂尖科技公司，進行產品發展及策略規劃。

2   《商業周刊》（*BusinessWeek*）：該刊於 1986 年由大陸之中國商務出版社與美國麥格勞·希爾（McGraw-Hill）公司合作，創辦了《商業周刊》中文版，成為大陸工商界最受推崇的商業雜誌。

3   《上風》（*Upside*）：一本以風險投資為基礎的業務和技術雜誌，在美國舊金山發行，始於 1989 年，2002 年停刊，全盛時期有超過 30 萬本的發行量。

4   攜程國際旅行社（Ctrip）：簡稱攜程網，創立於 1999 年，總部設於中國上海。攜程網現為亞洲領先的線上旅行社，業務包括酒店、機票及火車票預訂、旅遊團、商務旅遊管理等全方位旅遊服務。攜程網於大陸主要城市設有分公司，亦在香港、台灣、新加坡、韓國及日本設有海外據點，員工總數目前約 26,000 人。

5   永安旅行社（Wing On Travel）：成立於 1964 年，是香港知名大型旅行社，目前設有 14 間分行，網絡遍布香港、九龍、新界及澳門。2010 年 2 月，永安旅遊以 6.84 億港元將 90% 的股權出售給攜程，成為攜程旅行網旗下的一成員。

6   鴻鵠逸遊（HH Travel）：鴻鵠逸遊是攜程旗下頂級旅遊品牌，2012 年 3 月由兩岸三地三家知名企業聯合創立，包括：攜程旅行網、香港永安旅遊、台灣易遊網。鴻鵠逸遊秉持創造挑戰極限、服務精雕細琢的品牌理念，提供全包式的高質量服務規劃、各項精選頂級旅遊行程與量身訂做的旅遊服務，如：環遊世界 80 天 575 萬等頂級旅遊。

7   聯合國世界旅遊組織（World Tourism Organization，簡稱 UNWTO）：世界旅遊組織是聯合國體系下的國際組織，成立的宗旨是促進和發展旅遊事業，使有利於經濟發展，總部設在西班牙馬德里。

8   World Tourism Organization (2017). *World Tourism Organization 2016 Annual Report*. Retrieved from http://cf.cdn.unwto.org/sites/all/files/pdf/annual_report_2016_web_0.pdf

9　進入模式（Entry Mode）：指公司在選定海外目標市場之後，進入該市場時所使用的方式。一般有出口、授權、加盟、合資、自有公司模式、策略聯盟等方式。台灣許多餐飲連鎖業採用合資方式進入海外市場，如：王品集團與美國的 Panda Express 採合資方式，將旗下品牌「原燒」輸往美國；台菜領導品牌欣葉國際餐飲與大成集團合資將其品牌「欣葉小聚」帶進大陸青島。

10　日航國際旅行社（Jalpak International Co., Ltd.）：於 1965 年成立，為日本航空（Japan Airlines）旗下專營海外旅遊的品牌，提供旅遊服務範圍廣泛，包括採購、計劃、市場行銷與預訂服務，以及旅行團相關業務等。根據 2017 年 6 月官網顯示，目前共有 900 名員工，於日本國內有三個分公司，海外則有英、法、德、義、夏威夷、印尼、香港、北京、台灣等 14 個據點。

11　獨資子公司（Wholly Owned Subsidiary）：指的是完全由唯一一家母公司所擁有或控制的子公司，例如：華信航空公司為中華航空獨資子公司。

12　美國運通公司（American Express）：美國運通公司創立於 1850 年，總部設在美國紐約，是國際上最大的旅遊服務及綜合性財務、金融投資及資訊處理公司，在信用卡、旅行支票、旅遊、財務計畫及國際銀行業佔領先地位，也是美國的道瓊斯工業平均指數（Dow Jones Industrial Average, DJIA）30 家公司中極少數的服務業公司。

13　中國國際旅行社總社（China International Travel Service, Head Office, CITS）：成立於 1954 年，屬於中國國旅集團旗下一員，是中國最早獲得特許經營出境旅遊的旅行社，一般稱國旅總社，連續十多年蟬聯大陸旅行社百強第一名。

14　合資（Joint Venture）：合資是指兩家或多家公司間共同出資，組成新企業進入特定市場領域。合資企業的優點為投資方可以降低風險、減少成本支出負擔，在經營管理上亦有互補效果，具體例子如前述：王品與 Panda Express，以及欣葉與大成。

15　國際旅遊聯盟集團（Touristik Union International, TUI）：成立於 1968 年，目前為全球最大的旅遊集團，總部設在德國漢諾瓦。TUI 集團擁有 1,600 家旅遊門市、6 家航空公司及 150 架飛機、14 艘郵輪、300 家旅館，遍布全球 30 個國家。

16　中國旅行社總社（China Travel Service Head Office, CTS）：於 1949 年 11 月成立，是中國的第一家旅行社。經過五十多年，由一家以接待華僑、外籍華人、港澳同胞、台灣同胞為主的旅行社，發展至中國旅行社總社，作為全中國旅社的龍頭企業。中國旅行社總社原是中國港中旅集團公司旗下負責旅行社業務的全資子公司。2016 年 6 月，中國港中旅集團公司與中國國旅集團有限公司（上述註 13）實施戰略重組，中國國旅集團整體併入中國港中旅集

團成爲其全資子公司,中國港中旅集團公司正式更名爲中國旅遊集團公司。該集團目前有三家上市公司,分別爲:香港中旅、中國國旅、華貿物流,員工人數超過 4 萬 7 千人。

17 JTB 股份有限公司(日語:株式会社ジェイティービー,Japan Tourist Bureau Corporation, JTB):前身是 1912 年設立的財團法人日本交通公社,1963 年,日本交通公社將營利部門分割、民營化,成立「株式會社日本交通公社」,現今公司名則是以 Japan Tourist Bureau 的縮寫 JTB 著稱。爲日本旅遊業中規模最大的企業,提供各式旅遊相關服務,也跨足其他產業如:醫藥、金融服務、消費品、出版、電信等,後來更是涉足運動界,2009 年成立 JTB Sports Station,專門經營賽事旅遊,並爲眾多賽事協辦單位。根據官網 2017 年 4 月統計,目前 JTB 在全球 36 個國家、100 個城市,共有 516 個據點、11 個事業群,海內外 174 個公司,全球員工約有 26,000 名。

18 中信旅遊集團(CITIC Tourism Group Co., Ltd.):中信旅遊總公司成立於 1987 年,是中國中信集團(一家國有大型綜合性跨國企業集團,業務涉及金融、資源能源、製造、工程承包、房地產等,名列全球財星 500 大企業)的全資子公司,經營入境旅遊、出境旅遊、國內旅遊、簽證業務,目前爲十大中國旅行社之一。

19 張國蓮(2008),〈易遊網游金章:讓旅遊方式成華人代表〉,《Smart 智富月刊》,第 117 期。取自:http://emoney.smartnet.com.tw/innerPage.asp?sn=3095

20 OTA 網路旅行社(Online Travel Agent):OTA 是以網路銷售旅遊商品給顧客的平台,販賣多樣性的旅遊相關商品,包括:機票、飯店訂購、汽車租借或是背包客行程等等,有部分 OTA 平台亦會銷售旅遊行程和當地活動門票等,主要透過協助消費者代訂商品而從中獲取其利潤。OTA 較知名的企業有:Expedia、TripAdvisor、上海攜程網、台灣易遊網等。

21 利基市場(Niche Market):係指在市場中被其他企業忽略的某些較小的市場,如:好樣餐廳(VVG)看到被大型連鎖餐廳及飯店所忽略的精品業外燴需求,找出這市場背後未被滿足的消費者需求(像是精品業的外燴對食物要求很高,要很時尚,要好吃、好拿、夠美,但市場不大),然後相較於競爭者以不一樣的產品和服務來滿足這個市場,即謂之利基市場。

22 泛達旅行社:易遊網游金章總經理在 1988 年旅行社執照開放之際,成立泛達旅行社,其中許多創新的想法,譬如:單一國家或地區的單點旅遊、島嶼度假旅遊、機票加酒店自由行等,在當時引領旅行業風潮。

23 Core Competence(核心能力):指公司具有一些能帶給顧客價值的獨特技能、資源、服務及科技。其來源乃是經由員工及組織在技能、資源、服務及科技之整合,以及藉由工作中之群體學習的方式逐漸累積,使得競爭者難以模仿,而創造與維持公司競爭優勢之泉源。

以晶華麗晶酒店集團爲例,它的 Core Competence 即爲:「能即時即刻貼近市場脈動的創意思維」;而老爺酒店集團則是:「關於營運酒店的四種角色,開發商 / Developer、管理者 / Manager、業主 / Owner、營造商 / Constructor 都具備」。

24　百羅旅遊網:由台灣行家旅行社及訊連科技爲主要股東,加上其他法人股東,包括中華開發工業銀行、台灣工業銀行、中華汽車等投資公司於 1999 年所成立的旅行社。在 2003 年被新加坡商足跡旅行社(ZUJI)併購。

25　玉山票務:成立於 1997 年 12 月,創辦人童雪鈺先生曾經從事過進出口貿易、在百貨公司設過專櫃、甚至做過國內郵購業務,然後受朋友之邀,進入航空票務這個行業。創辦當時,靠著向朋友借來的 20 萬,沒有炫麗花俏的網頁技術、沒有雄厚的資金做廣告,就開始在網際網路的世界中做起票務生意,幸運地成爲當時全台灣最大線上票務中心。玉山票務顛覆了舊有傳統票務的經營體系,成功地造就了台灣電子商務的一個典範。2005 年,上市公司鳳凰旅行社以 1,200 萬併購玉山票務,初期營運狀況良好,近年則呈現持續虧損。

26　觸及率(Reach Rate):係指在某一特定期間內,潛在的消費者在某一特定媒體上,至少看到一次廣告訊息的人數佔覆蓋區域內總人數之百分比。舉例來說,台灣 A 公司的廣告觸及率爲 88%,意指在台灣約 1,993 萬(2016 年台灣寬頻網路使用調查數據)的網路使用者當中,此 A 公司廣告每個月可以接觸到 88% 的使用者。因此觸及率越高,代表看到廣告的潛在消費者就越多,而知名度也會跟著提升。儘管觸及率不代表一切,但是這個衡量指標一旦下滑,其他更重要指標,如:分享數、連結點擊數等,也自然跟著下降。

27　唯一訪客(Unique Visitor):係指在所統計的具體時段內,訪問這個網站的訪客數量;在這時段內(一般用一天計算),相同訪客的訪問(瀏覽某網站或點擊某則文章)只被計算一次。

28　陳世運(2000),〈入口網站經營模式探討〉,《財團法人資訊工業策進會》。取自:https://www.find.org.tw/market_info.aspx?n_ID=6620

29　陳慧如(2014),〈易遊網─CTI 之建置強化競爭優勢〉,《管理個案評論》,第 5 卷,第 4 期,頁 19-30。

30　ERP(Enterprise Resource Planning)系統:即企業資源規劃,是一個會計導向的資訊系統,用來接受、製造、運送和結算客戶訂單所需之整個企業資源的確認和規劃。ERP 系統的主要功能是整合企業整體作業流程及資源,提供即時而正確的資訊,以縮短反應市場需求時間。完整的 ERP 軟體根據企業日常運作的幾項重要作業,而有財會、生管、配送、人力資源等幾項主要模組,各模組可以整合運作,也可以獨立作業,因此 ERP 業者可以依據客戶

的需求，決定 ERP 的規模與價格。ERP 基本上整合了「生產、銷售、人事、研發、財務」五大企業功能於一個系統之中，但 ERP 不僅要整合五大管理功能，也整合位於不同地理位置的企業單位。ERP 是 MRP（Manufacturing Resource Planning）系統的延伸，MRP 著重於生產資源規劃，而 ERP 則把製造資源擴展到企業資源，並運用 IT 讓企業整體更加效率化。有些旅行社，例如：雄獅集團從 2015 年已逐次將 ERP 轉化爲 BPM（Business Processing Management，稱爲商業流程管理），其概念有如 ERP 2.0 版，希望能將旅遊從客源地到目的地的資源整合在同一平台，未來並可將航空公司及全球各地的地接社系統，都有效整合於 BPM。

31 Oracle 甲骨文：全球知名的大型資料庫軟體公司，總部位於美國加州，主要提供產品包括：資料庫伺服器、應用伺服器、開發工具，以及企業資源計畫、客戶關係管理等應用軟體，甲骨文目前全球有超過 135,000 名員工。

32 Java 平台（Pure Java Platform）：Java 是一個可以在不同操作系統（如 Windows）上運行的程式語言，Java 平台爲 Java 程式語言所撰寫的軟體之執行平台，可在各種終端（如 PC、服務器、移動設備、嵌入式設備）系統運行，是 Java 軟體和電腦系統的中介。

33 CDP（Customer Data Platform)：又稱爲客戶數據平台，爲一種套裝軟體，可從多個來源搜集與整合第一方的客戶資料，可供其他系統存取的全方位客戶資料庫，利於分析、追蹤及管理客戶互動。

34 環島之星・環島遊：始於 2008 年，是台灣鐵路管理局的一種包火車旅遊台灣之服務，近年來皆由易遊網取得經營權。

35 API（Application Programming Interface）應用程式介面：其主要是爲了解決「不同軟體互傳資料」的相容性而設計出的介面，讓資訊工程師有一個統一的規格，可以將資料匯入／匯出至不同的軟體或平台上。對資訊工程師而言，API 是「兩套軟體的對話橋梁」。例如易遊網平台透過 API 串接了某家航空公司的訂位系統，旅客就可以運用易遊網的介面直接操作訂購該航空公司的機位，兩家公司的訂位訊息同步運作。

36 連戰：生於（1936 年～），爲中華民國政治人物。生於陝西西安，祖籍台灣台南，祖父爲台南文人連橫，父親爲連震東。曾經擔任中華民國副總統、行政院院長、台灣省政府主席與中國國民黨主席。中國大陸媒體常在一些報導中尊稱他爲連爺爺，被視爲海峽兩岸重要的溝通橋梁人物，與前後任中共中央總書記胡錦濤、習近平關係密切。

37 梁建章（James Liang）：1969 年生於上海，13 歲時以「電腦小詩人」聞名，上海復旦大學計算機系未畢業即赴美國留學，20 歲獲得喬治亞理工學院電腦系碩士學位後，在美國矽谷

從事技術工作多年，曾任美國 Oracle 公司資訊技術的高級管理主管（中國諮詢總監）。1999 年 5 月，與季琦、沈南鵬、范敏共同創建了攜程旅行網。四人按各自專長分工：季琦任總裁，梁建章任首席執行官，沈南鵬任首席財務官，范敏任執行副總裁，人稱「攜程四君子」；2003 年，梁建章並兼任董事會主席。攜程網在他的領導下，短時間內迅速成為中國最成功網路公司之一，並於 2003 年在那斯達克成功上市。2007 年辭去職務，前往美國 Stanford 大學攻讀經濟學博士，於 2011 年取得經濟學博士學位。2012 年擔任北京大學光華管理學院經濟學教授。2013 年回鍋攜程擔任董事會主席兼首席執行官。2016 年再次辭去攜程 CEO，擔任執行董事會主席，專注於公司的創新、國際化、技術、投資和戰略聯盟。

38 那斯達克（National Association of Securities Dealers Automated Quotations, NASDAQ）：全名為國家證券業者自動報價系統協會，創立於 1971 年，是美國的一個電子證券交易機構，由那斯達克股票市場公司所擁有與操作，是目前世界上第二大的證券交易所（世界第一大為紐約泛歐證交所 NYSE Euronext），也是全世界第一個採用電子交易並走向全球化的股市。現有上市公司總計 5,400 多家，來自 55 個國家和地區，設有 26 萬多個計算機銷售終端，是世界上主要的股票市場中成長速度最快的。企業想要在那斯達克上市，需具備一定的先決條件及資產（包含股東人數、淨資產金額等），因此能在那斯達克上市，對於企業來說是一個相當重要的指標。兩岸知名企業，例如：攜程、台積電、台達電等都在那斯達克上市。

39 人人 IT 網（2011），〈收購易遊網曝光 攜程併購式擴張壓力何在〉，《人人 IT 網》。取自：http://fanli7.net/a/caozuoxitong/android/2011/0822/117305.html

40 太美旅行：太美集團旗下的旅遊品牌。太美集團為來自旅行、投資、傳媒和文化等不同領域的 19 位創始人共同投資創建。集團涵蓋旅行、傳媒、私人航空、黑卡會等版塊，致力於創造中國最具影響力、最高端頂級的生活品味平台。

41 莊雅茜（2015），〈馬雲銀彈攻勢才走 攜程網開缺 1,000 人〉，《商業周刊》，第 1427 期。取自：http://archive.businessweekly.com.tw/Article/Index?StrId=57693

42 碎片化：隨著網路時代的來臨，大量網路及傳輸等技術應用，強化了消費者個人處理資訊的能力，也引發客製化的需求。舉例來說，在旅遊產業，隨著個性化主張與自由行抬頭，旅遊產品從過往團體套裝旅遊行程販售模式，正轉移至「目的地導向」的商業模式。過去的套裝、半自由行、自費行程，現正逐漸將目的地的旅遊服務，分割成獨立出售的產品，消費者可於行程前、行程中甚至是行程結束後透過網路或行動載具，進行旅遊元件之採購，如：餐廳、交通、景點門票訂購等。

43 雄獅創新中心、產業研究中心（2015），〈目的地旅遊 碎片化／顆粒化行程夯吸睛〉，《旅＠天下》，第 42 期。取自：http://news.xinmedia.com/news_article.aspx?newsid=8621&type=3

NOTE

「為什麼要做這一件事？」

它是漫長的付出與堅持，從 2010 年到 2017 年

只是，十家頂尖企業個案撰寫，卻一直看不到那個終點……

夢想，就是這麼一回事，No pains, no gains!

我們專訪兩岸超過 32 位企業創辦人、董事長、CEO、高階主管

為了更深入，超過 28 位中階主管、基層員工也被我們叨擾了一番

7 年來，每週的個案會議，用盡 20 多位參與夥伴的腦力、體力、洪荒之力

這件事呢，一輩子做一次就好！

而，「為什麼要做這一件事？」

因為我們的學生，需要更深度地向觀光餐旅企業學習

因為我們的企業，需要有更深入的標竿學習對象

終點，終於在眼前

謝謝香妃、玟妤、瑞倫、怡嘉、玫慧、振昌、佑邦、

立婷、亭婷、耀中、佩俞、宛礨、曉曼、宣麟、悉珍、

思穎、重嘉、敏婕、岱雯、晏瑄、瑞珍、家瑀、陳琦、

同氏海、雅莉、侑蓉、宜軒、芷穎、翊杉一路相助

更要特別感謝這十家台灣原生的頂尖觀光餐旅企業

沒有您們的首肯及持續鼎力協助，也很難做下去

如此精采，我們衷心感謝：（按完成順序）

好樣、易遊網、薰衣草森林、王品集團、晶華國際酒店集團

老爺酒店集團、欣葉國際餐飲集團、雄獅集團、飛牛牧場、中華航空公司

王國欽　再版謹書于師大
2024 年

兩岸頂尖企業專訪與個案研究 75026

易遊網的故事【第二版】

作者：王國欽、駱香妃、陳玟妤、陳瑞倫

執行編輯：陳文玲／總編輯：林敬堯／發行人：洪有義

出版者：心理出版社股份有限公司／地址：231026 新北市新店區光明街 288 號 7 樓

電話：(02) 29150566／傳真：(02) 29152928

網址：https://www.psy.com.tw／電子信箱：psychoco@ms15.hinet.net

郵撥帳號：19293172　心理出版社股份有限公司

排版者：菩薩蠻數位文化有限公司／印刷者：辰皓國際出版製作有限公司

初版一刷：2017 年 11 月／二版一刷：2024 年 3 月

ISBN：978-626-7447-00-0／定價：新台幣 150 元

ISBN 978-626-7447-00-0

9 786267 447000